Par Dupont (de Nemours). Voy. Barbier.

L^{27}n 16442

NOTICE
SUR LA VIE
DE M. POIVRE.

NOTICE
SUR LA VIE
DE M. POIVRE,

CHEVALIER DE L'ORDRE DU ROI, ancien INTENDANT des Isles de France & de Bourbon.

> Erat enim modestus, prudens, gravis: temporibus sapienter utens: animo maximo & æquo: veritatis diligens, ut ne joco quidem mentiretur : continens, clemens, patiensque : commissa celans, studiosus audiendi : & agricola solers, & Reipublicæ peritus, & probabilis Orator.
>
> CORN. NEP.

par Dupont de nemours.

PHILADELPHIE,

Et se trouve à Paris chez MOUTARD, Imprimeur-Libraire de la REINE, de MADAME, & de Madame Comtesse D'ARTOIS, rue des Mathurins, Hôtel de Cluni.

M. DCC. LXXXVI.

PLAIDOYE
SUR L'AFFAIRE
DE M. FOVAL

NOTICE
SUR LA VIE
DE M. POIVRE,

CHEVALIER DE L'ORDRE DU ROI, ancien INTENDANT des Isles de France & de Bourbon.

ON entend souvent des hommes très-médiocres s'écrier qu'on ne rend point justice au mérite. On en voit d'autres qui croient qu'on ne peut réussir à rien que par l'intrigue, & qui se conduisent en conséquence.

Si l'on voulait cependant faire la liste des hommes simples & modestes qui ont

A

acquis une haute considération & sont arrivés à de grandes places par le seul effet de leur capacité & de leurs vertus, on la trouverait imposante, & l'on penserait moins mal de l'Humanité & de la Société.

Toutes les bonnes actions ne sont pas récompensées, tous les travaux estimables ne jouissent pas de la gloire qui leur serait due; mais une vie entière consumée à faire le bien, à servir ou à éclairer les hommes, les conduit nécessairement à lui payer un juste tribut de reconnaissance & de respect.

Si cette vérité avait besoin d'être confirmée, les regrets que la mort de M. Poivre, ancien Intendant de l'Isle de France, cause à Lyon, où il s'était retiré, la sensation qu'elle a faite dans la Capitale même, & jusques au pied du Trône, en fourniraient une preuve frappante.

M. POIVRE était né à Lyon, au mois d'Août 1719, d'une famille commerçante. Il montra, dès son enfance, un esprit doux & facile, les plus grandes dispositions pour les Lettres & pour les Arts, un caractère bienfaisant, qui lui faisait désirer d'être utile à ceux qu'il connaissait, & à ceux qu'il ne connaissait pas.

Ses études furent brillantes. Il les avait finies dans un âge encore très-tendre, & commençait un Cours de Théologie à la Communauté des Missionnaires de S. Joseph à Lyon, dont le Supérieur était ami de sa famille, lorsque les Jésuites, qui ne négligeaient rien, firent attention aux succès d'un élève qu'ils ne formaient pas, & qui croissait dans une maison avec laquelle ils avaient un point de rivalité. Ils cherchèrent à persuader au jeune Poivre de préférer leurs Professeurs & leur Compagnie.

Ils représentèrent en même temps à M. de Rochebonne, alors Archevêque de Lyon, le danger de laisser imprégner un enfant heureusement né de principes qui n'étaient pas les siens. Cette seconde démarche détruisit l'effet de la première, & peut-être sans elle M. Poivre eût-il été Jésuite ; mais il vit, avec le sentiment naturel de résistance, que toute apparence de contrainte inspire aux caractères nobles, que l'on songeât à porter atteinte à sa liberté dans le choix de ses Maîtres ; & il pria ses parens de le faire passer à Paris dans la Congrégation des Missions Etrangères. Il y vint, il y finit son éducation, il s'y distingua.

L'étude de la Philosophie, celle de la Théologie, l'instruction des Catéchumènes qui lui fut confiée, & des conférences qui lui firent honneur dans le temps, ne furent pas les seules occupations auxquelles il se livra dans cette maison respectable. Il s'appliqua avec succès au dessin & à la peinture, qu'il regardait comme un délassement, comme un moyen de réussir mieux dans les pays qu'il se proposait déjà de parcourir ; &

comme celui d'en rapporter plus de connaissances utiles dans sa patrie.

L'éducation chez des Missionnaires donne nécessairement le goût des voyages ; & quelques notes écrites par M. Poivre, indiquent qu'en embrassant l'état de ses Instituteurs, il envisageait, outre l'avantage de servir la Religion, celui de s'éclairer sur les mœurs, les usages, la culture, l'industrie des Nations qu'il aurait à observer, & de procurer à l'Europe quelques-unes des productions les plus précieuses de l'Asie, de l'Afrique & de l'Amérique. Il semblait prévoir sa destinée.

Les Supérieurs des Missions Etrangères se hâtèrent de l'affilier à leur Corps & de l'associer à leurs travaux. Ils l'envoyèrent en Chine, & lui prescrivirent de passer ensuite à la Cochinchine, quoiqu'il ne fût pas encore engagé dans les Ordres sacrés.

Dans une relâche qu'il fit avant d'arriver à Kanton, il reçut d'une main trompée ou perfide, une lettre en Chinois, qu'on lui dit être de recommandation, & dans laquelle au contraire, un Chinois qui avait été offensé par un Européen, dénonçait cet Européen, qu'il croyait devoir être le porteur de sa lettre, comme un coupable dont la Nation Chinoise avait à se plaindre, & qui méritait la mort.

Le jeune homme, rempli de confiance, se hâta de présenter la lettre au premier Mandarin dont il put approcher, & fut mis en prison. Les prisons sont très-douces à la Chine ; il y apprit la Langue. Le Vice-Roi de Kanton, intéressé par sa contenance noble, douce, patiente, grave, presque asiatique, touché de son ingénuité, indigné d'une si odieuse trahison, devint son protecteur, & lui procura toutes les facilités qu'on refuse ordinairement aux Européens pour voir l'intérieur du pays.

Il y avait séjourné à peu près deux ans, lorsque se présenta l'occasion qu'il attendait pour aller à la Cochinchine avec les Missionnaires qu'il accompagnait. Il s'y rendit & y passa deux autres années. Le Vice-Roi de Kanton avait approuvé & facilité ce voyage ; &, à son retour, M. Poivre retrouva au même degré toutes les bontés de ce grand Mandarin, qu'il suivit dans plusieurs tournées, & dont il ne s'écarta presque plus pendant un an.

Le crédit qu'il avait acquis auprès de lui, procura souvent une plus prompte & meilleure justice aux autres Français, & fut très-utile aux intérêts de la Compagnie des Indes. Le Ministère de France fut instruit qu'à l'extrémité de l'Asie, un jeune Missionnaire avait rendu des services essentiels à la Nation.

M. Poivre avait montré, dès l'enfance, la même raison, le même esprit d'ordre & d'observation qu'il a développés ensuite dans les différentes époques de sa vie. Sa grande jeunesse, lorsqu'il habitait en Chine, ne l'a point empêché de porter un jugement juste & solide sur les Chinois. Ayant pu obferver réellement leurs mœurs & l'efprit de leur Gouvernement, il avait pris pour cette fameufe Nation une eftime que n'en ont point conçue nos Commerçans qui n'ont traité qu'avec fes Revendeurs, & par le miniftère de Courtiers avides dans un port de mer éloigné du centre de l'Empire. Des Chinois qui arriveraient en Europe, qui n'y féjourneraient pas plus long-temps, & qui n'y pénétreraient pas plus avant que ne le font nos Navigateurs à la Chine, pourraient remporter une idée très-mauvaife, très-exagérée, très-injufte de nos ufages, de nos mœurs, de nos Loix, & même de notre Adminiftration.

En 1745, M. Poivre revenait en France pour revoir fa famille, rendre irrévocables fes liens religieux, & retourner enfuite au bout du monde où l'appelait fon zèle. Le vaiffeau qui le portait fut attaqué dans le détroit de Banca par un Anglais fupérieur en force,

Combat contre les Anglais.

& combattit. Il y a dans les âmes très-élevées, même avec le caractère le plus doux, une répugnance naturelle à fuir le danger : pendant tout le combat, M. Poivre se porta sur la galerie, sur le gaillard, sur le tillac, par-tout où il se crut le plus utile, aidant à la manœuvre, exhortant les soldats & les matelots, & sur-tout secourant les blessés ; un boulet de canon lui emporta le poignet.

Pour donner une idée de la sérénité de son ame, nous dirons que le premier mot qu'il prononça en se voyant un bras de moins, fut : *Je ne pourrai plus peindre.* Cet amusement était alors pour lui une espèce de passion ; & si on la regardait comme une faiblesse chez cet homme sage, qui s'est toujours montré au dessus des autres passions, nous remarquerions que le dessin & la peinture sont de la plus grande utilité pour un Missionnaire ; que le séjour d'un vaisseau nécessite un goût décidé pour quelque occupation manuelle, & qu'il n'en est point de plus propre à exercer à la fois l'imagination, l'obfervation, la réflexion & l'efprit.

Peu de momens après la bleffure de M. Poivre, le vaiffeau fut pris. Le Miffionnaire, jetté à fond de cale, refta vingt-quatre heures fans être panfé; la gangrène s'était établie, il fallut faire l'amputation beaucoup plus haut. L'opération fe fit à bord des Anglais, & par leur Chirurgien. A peine était-elle finie, avant que l'appareil fût pofé, le feu prit au bâtiment. Tout le monde y courut, & le Chirurgien comme les autres; M. Poivre, abandonné, perdit une grande quantité de fang, & bientôt la connaiffance : peut-être fut-ce un bien ; cette énorme faignée ayant prévenu & affaibli la fièvre inflammatoire, dont le danger eft extrême fous le climat brûlant de l'Inde.

La vie eft une fi fingulière énigme, qu'on ne peut jamais favoir fi les événemens qu'elle préfente font avantageux ou funeftes. L'accident grave que venait d'essuyer M. Poivre, fut la source de presque tout le bien qu'il a fait, & de tout le bonheur qu'il a éprouvé. Quelle qu'eût été sa carriere, il y eût certainement déployé beaucoup de zèle, de talens & de vertus ; & les Missions Etrangères auxquelles il s'était consacré, présentent sans doute de grands objets d'utilité religieuse & même civile. Mais s'il fût resté Missionnaire, comme il n'y aurait pas manqué sans sa blessure, il n'aurait pas été Administrateur ; il n'aurait pas donné d'importantes instructions & de touchans exemples à ceux qui le feront après lui ; il n'aurait pas goûté toutes les douceurs de la vie domestique & patriarchale ; il n'aurait pas épousé une femme du mérite le plus rare, & laissé trois filles d'une intéressante espérance. Ainsi la Providence a compensé avec usure pour lui & pour nous la perte de son bras.

Il en avait fait, dans le même combat, une autre qui n'a pas été réparée. C'est celle du Journal de tout ce qu'il avait remarqué à la Chine, à la Cochinchine, à Macao, auquel étaient joints un grand nombre de deſſins précieux. Cette perte eſt d'autant plus fâcheuſe, que rien n'eſt auſſi propre à faire connaître les mœurs, les principes & les uſages d'une Nation, les vices ou la bonté de ſon Gouvernement, qu'un Journal tenu régulièrement par un homme éclairé qui peint les choſes telles qu'il les voit, telles qu'elles ſont, ſans prétention, ſans chercher à écrire l'Hiſtoire, ſans penſer à ſe faire jamais imprimer.

Peut-être ces manuſcrits intéreſſans ſont-ils encore entre les mains des Anglais; & l'on eſpère que ſi quelqu'un de cette grande & généreuſe Nation en avait connaiſſance, il voudrait bien les faire remettre à la famille de M. Poivre. Le vaiſſeau dans lequel il fut pris, s'appelait *le Dauphin*; le Commandant de l'Eſcadre Anglaiſe était l'*Amiral* B*ARNET*, qui montait *le Deptford* il y a quarante ans.

Les Anglais, qui manquaient de vivres,

étaient embarrassés de leurs prisonniers. Ils les conduisirent à Batavia, & leur y rendirent la liberté. Ce fut pendant le séjour de M. Poivre dans cette Capitale des établissemens Hollandais, que toujours occupé de vûes utiles, il prit des connaissances réfléchies sur la culture des épiceries précieuses que les Hollandais possédaient alors exclusivement, & sur les Isles où elles sont indigènes. Il avait formé dès lors le projet qu'il a depuis réalisé, d'en enrichir un jour son pays.

Il s'embarqua, au bout de quatre mois, avec le reste des Français, pour aller hiverner à *Mergui*, port du Royaume de Siam, & de là se rendre à Pondichéry. Le bâtiment était très-mauvais ; il essuya des tempêtes affreuses, & courut le plus grand danger. M. Poivre, qui ne pouvait aider à la manœuvre, conservait son sang froid, & rédigeait ses observations. C'est dans ce voyage & dans les relâches forcées auxquelles son navire fut obligé, qu'il s'instruisit avec exactitude des mœurs de la Nation Malaife, de celles des Siamois, & de leur Gouvernement. Il n'avait pas vingt-fept ans, & déjà il favait juger du bonheur des Peuples par l'état de leur agriculture.

De retour à Pondichéry, M. Poivre s'y trouva pendant l'expédition de Madras fi brillante, & les querelles fi funeftes de MM. *Du Pleix* & *De la Bourdonnais*. Il blâma également ces deux hommes, fi habiles d'ailleurs, fi célèbres, & qu'il voulut en vain concilier. Il fuivit à l'Ifle de France le fecond, plus difpofé à l'écouter. L'efcadre qui les ramenait tous deux en Europe, fit plufieurs relâches à la côte d'Afrique, & une dernière à la Martinique, où les vaiffeaux fe trouvèrent retenus par la guerre.

M. Poivre, qui avait recueilli fur l'Inde tant de lumières qui pouvaient y décider du fort de la Nation, preffé par fon zèle de les mettre fous les yeux du Gouvernement, gagna dans un canot l'Ifle de Saint-Euftache, où il s'embarqua pour l'Europe sur un senau Hollandais.

Il fut pris à l'entrée de la Manche par un Corsaire de Saint-Malo, repris quatre jours après par une frégate Anglaise, conduit à Guernesey, & rendu au bout de huit jours sur la signature de la paix.

Les curieuses observations & les grandes vûes qu'il rapportait de l'Asie, jointes à la perfection avec laquelle il parlait le Chinois, le Cochinchinois, le Malais, fixèrent sur lui l'attention de la Compagnie des Indes, & le firent choisir, dans l'année 1749, pour aller en qualité de Ministre du Roi, à la Cochinchine, fonder sur des liaisons d'amitié une nouvelle branche de commerce.

M. Poivre montra dans cette mission des talens supérieurs, une probité délicate, une étonnante activité, une dignité sage ; & dans le compte qu'il en rendit, une modestie presque inconcevable. Il y eut tout le succès qu'il pouvait désirer.

Le Roi de la Cochinchine, surpris de trouver un jeune Européen avec lequel il pouvait converser sans Interprète, prit pour lui la plus grande affection, & lui témoigna les bontés les plus distinguées.

C'était un Prince sensible & généreux, mais faible & inappliqué. On voit dans le Journal que M. Poivre a fait de son séjour auprès de lui, & qu'on se propose de donner au Public, toutes les vexations, tous les pillages, toutes les basses manœuvres que se permettaient les Mandarins & les courtisans d'un Roi qui ne croyait pas mal faire en se livrant à ses passions; & l'inertie, la misère d'un Peuple soumis à un Despote à qui l'on avait persuadé qu'il était de sa dignité de végéter dans son palais. Quand le Roi de la Cochinchine voyait le mal, il en gémissait, s'en irritait, voulait le réparer; mais il le voyait rarement, & sa volonté, d'abord courageuse, n'avait point de tenue; il retombait bientôt dans une indolence qui rendait inutiles les meilleures intentions & les plus heureuses qualités.

M. Poivre, de retour à l'Isle de France, déposa

déposa dans les magasins de la Compagnie jusques aux présens particuliers qu'il avait reçus de ce Souverain. Un trait peindra son désintéressement ingénu. Il écrivait à la Compagnie des Indes : *Je vous ai remplacé*, telle chose, *de mon argent, parce que je m'étais laissé voler par ma faute; & il n'est pas juste que vous supportiez cette perte.* On peut demander aux trois Compagnies Anglaise, Hollandaise & Française, combien, depuis qu'elles existent, elles ont eu de pareils serviteurs.

Les intentions favorables dans lesquelles M. Poivre avait laissé le Roi de la Cochinchine, & les instructions qu'il avait recueillies à sa Cour & dans son pays, pouvaient devenir la base des plus importantes spéculations. Il est très-fâcheux qu'elles aient été négligées ; on n'ôse pas dire que cela soit très-surprenant.

Mais si les vûes politiques & commerciales dont M. Poivre avait préparé le succès, n'ont pas été remplies, son ambassade à la Cochinchine n'a pas été pour cela

B

sans avantages. Il ne s'était pas strictement renfermé dans la mission qu'il avait reçue. Il avait mis le plus grand soin à recueillir les plantes les plus utiles, pour les introduire & les naturaliser à l'Isle de France. Il y avait apporté le Poivrier, le Cannellier, plusieurs arbres de teinture, de résine & de vernis, plusieurs espèces d'arbres fruitiers. Il était le Bienfaiteur de cette Isle, seize ans avant de se douter qu'il en serait un jour l'Administrateur.

Le plus précieux des présens qu'il lui avait faits, était le Riz sec, qui se cultive à la Cochinchine sur les montagnes, n'a besoin que d'une chaleur modérée, & ne demande point d'irrigation. On en fit quelques récoltes ; mais après le départ de M. Poivre, la culture de ce grain si important ayant été abandonnée aux esclaves Négres, qui l'arrosèrent comme l'autre Riz, l'espèce du Riz sec, qui aurait pu de cette Colonie passer en Europe, & qui devrait enrichir aujourd'hui nos Provinces méridionales, fut détruite à l'Isle de France. Parmi les maux sans nombre que l'esclavage & la stupidité qui en est la suite, ont causés au Genre humain, il faut encore compter celui-là. Depuis vingt ans que ce fait a pris de la publicité, on dit qu'*il faudra retourner chercher le Riz sec à la Cochinchine.*

Pendant deux siècles, l'Europe a dépensé aux Indes des milliards; elle y a massacré des millions d'hommes; elle y a envoyé & entretenu un nombre considérable de profonds Politiques, d'habiles Généraux, de saints Missionnaires, d'industrieux Commerçans, de Héros intrépides. Un seul Sage s'était trouvé : il avait rapporté une plante plus utile même que le bled, & qui aurait pu compenser tout le mal qu'ont fait tant de grands Hommes. A peine y a-t-on pris garde : on l'a laissé perdre. Et lorsque chez des Nations savantes, dans un siècle éclairé, on a eu connaissance de ce trésor & de sa perte, quelques gens d'esprit ont dit froidement : *C'est dommage* ;

puis l'on a continué à commercer, à intriguer, à fe battre, fans fonger feulement à combien peu de frais ce dommage pourrait être réparé.

Il vaudrait mieux fans doute que nos devanciers ne nous euffent rien laiffé à faire ; mais c'eft à nous à fentir que la tâche en eft plus belle, & à ne pas tomber dans les torts que nous leur reprochons.

Peu après fon retour de la Cochinchine, M. Poivre fut envoyé par la Compagnie des Indes à Manille avec une miffion fecrète : fes inftructions l'obligeaient d'en garder le fecret, même avec les Employés de la Compagnie à Kanton, où il devait paffer. Ceux-ci s'en offensèrent, & d'autant plus peut-être, qu'il parut dans la fuite qu'ils avaient été inftruits de ce même fecret par une autre voie. Ils lui fufcitèrent toutes fortes d'obftacles & de traverfes, & le mirent hors d'état de remplir fa miffion avec un entier fuccès. Il fut obligé de revenir à Pondichery & à l'Ifle de

Il apporte des Muscadiers.

France, n'ayant fait qu'une partie de ce dont il avait été chargé ; mais il s'était acquis d'excellens amis chez les Espagnols & parmi les Naturels des différens pays qu'il avait eus à parcourir. Il avait préparé les esprits & les choses pour faire un second voyage plus heureux.

Ce voyage avait pour objet principal d'acquérir & de naturaliser à l'Isle de France les épiceries fines.

M. Poivre rapportait cinq plants enracinés de Muscadiers, & un assez grand nombre de noix muscades propres à la germination, dont M. *de Buffon* & M. *de Jussieu* vérifièrent la bonne qualité. Il n'avait pu se procurer de Gérofliers sans aller dans les Moluques mêmes, parce qu'on ne vend le gérofle que dans un état où il ne jouit pas de la faculté de germer.

Ayant rendu à la Compagnie des Indes des services essentiels, & en ayant toujours reçu les plus grands témoignages de satisfaction, M. Poivre croyait avoir lieu de compter sur les secours les plus efficaces pour la continuation d'une entreprise dont le succès était assuré, & qui devait procurer à cette Compagnie des avantages inappréciables. Il avait quitté l'Europe fort jeune : sa tête sage & son cœur pur n'avaient point encore l'expérience de nos mœurs. Il s'imaginait avec ingénuité, qu'une grande Compagnie de commerce était constamment déterminée par son intérêt ; qu'elle devait avoir nécessairement de la suite dans ses projets & dans ses volontés ; qu'avec elle aucun service ne pouvait être perdu. Il raisonnait & s'était conduit d'après ces élémens. Mais il apprit à l'Isle de France, que la Compagnie des Indes était, comme le sont presque toujours toutes les Compagnies, & même toutes les Républiques, divisée en deux partis ; que celui qui dominait pour le moment, n'était plus le même qui avait favorisé ses voyages & applaudi à ses travaux ; qu'à la tête de ce parti, qui avait acquis la prépondérance, était un Directeur qui ne se piquait pas de continuer l'exécution des projets adoptés par ses prédécesseurs du parti opposé, & qui, d'origine hollandaise, pouvait ne pas voir avec plaisir sa nouvelle Patrie devenir, pour un objet aussi important que les épiceries fines, la concurrente de l'ancienne.

Il comprit alors la cause d'une partie des difficultés qu'il avait précédemment éprouvées, qu'il avait eu beaucoup de peine à concevoir, & qui tenaient aux dissentions intérieures de la Compagnie des Indes. Il comprit qu'il ne pourrait rendre utiles les connaissances qu'il avait acquises, & enrichir sa Patrie des plus précieuses sources de l'opulence de la Compagnie des Indes de Hollande, sans risquer à la fois sa vie au milieu des établissemens Hollandais, & l'ingratitude, la persécution peut-être de la part des Français même.

Mais celui qui, pour servir les hommes, voudrait être assuré de leur reconnaissance, celui qui n'ôserait s'exposer à voir tomber sur lui d'injustes & dangereuses

B iv

inimitiés, n'aurait pas une véritable vocation à devenir homme public, ni peut-être à demeurer homme de bien. M. Poivre était *tenax propofiti Vir*; il entra en conférence avec M. *Bouvet*, un des plus grands hommes de mer qui ayent été au service de la Compagnie des Indes, & qui commandait par *interim* à l'Isle de France. Il fit si bien valoir les anciennes instructions non-révoquées qu'il avait reçues de la Compagnie; il lui montra si clairement l'importance de l'entreprise & la certitude du succès, pourvû qu'on eût un navire à y consacrer, que M. Bouvet, après avoir combiné les besoins de la Colonie, dont la marine était très-peu nombreuse & en très-mauvais état, prit sur lui de déplaire au parti le plus puissant, & de confier au nouvel Argonaute une vieille petite frégate de cent soixante tonneaux.

C'était, dans les circonstances, un grand & très-rare effort de zèle & de courage qu'avait fait en cela M. Bouvet; & M. Poivre en a toujours gardé une vive reconnaissance, quoiqu'il n'eût été possible de donner à ce très-mauvais petit bâtiment qu'un plus mauvais équipage, peu de provisions, & de mauvaise espèce.

Pendant l'armement, M. Poivre partagea entre trois Colons de l'Isle de France ses plants de muscadiers, & y joignit d'excellentes instructions sur leur culture.

Enfin il s'embarqua, en 1754, sur sa petite frégate *la Colombe*, image du faible oiseau que l'Ecriture nous peint envoyé par Noé au milieu de la plus immense mer pour chercher un rameau précieux.

Ce petit vaisseau, mal construit, vieux, mauvais, faiblement équipé, ne marchait qu'avec une extrême lenteur. Jouissant constamment du vent le plus favorable, il mit, pour se rendre à Manille, le double du temps qu'un navire ordinaire aurait employé à faire le même voyage. Il y arriva prêt à couler bas, & la quantité d'eau nécessaire était retranchée depuis long-temps à l'équipage.

M. Poivre trouva le pays en feu. Le

Gouvernement Espagnol avait engagé des querelles férieufes avec toutes les Nations voifines. Il retenait le Roi de Yolo prifonnier.

Le caractère de M. Poivre, fon fang froid, fa douceur, fa franchife même, car lorfqu'elle eft fage, la franchife eft toujours très-utile, le rendaient infiniment propre aux négociations. Il parvint à calmer beaucoup les efprits : il eut à Manille un crédit prefque auffi grand que celui qu'il avait eu à la Cochinchine ; & entre autres ufages louables qu'il en fit, il l'employa pour adoucir le fort du Roi de Yolo.

Après s'être acquitté d'une partie importante de fa miffion, s'être procuré les connaiffances dont il avait befoin, avoir vendu & remplacé la petite cargaifon de fon vaiffeau, & l'avoir carené, s'être attiré l'eftime & la confiance des Efpagnols & la conftante amitié du Roi de Yolo & de fa famille, M. Poivre fe rembarqua, & dirigea fa route fur les Ifles à épiceries. Plufieurs de fes matelots

& même deux de ses Officiers avaient abandonné un vaisseau dont ils connaissaient les défauts, & qu'il était impossible de mettre en état de défense pour arriver à des terres inconnues, & traverser des mers infestées de Pirates, qui couraient également sur toutes les Nations, & qui venaient d'enlever une galère & un vaisseau parfaitement armés, hérissés de canons, défendus par des équipages nombreux. M. Poivre ne se dissimulait pas le danger; il aurait pu l'éviter en partie, en renonçant pour lors à la suite de sa mission & de ses projets, & retournant à l'Isle de France par le chemin le plus court. Mais il avait eu tant de peine à y obtenir les faibles moyens dont il pouvait disposer, il voyait tant d'incertitude à ce qu'on se prêtât à les renouveller, lorsqu'une expédition imparfaite aurait paru justifier les répugnances, que, dévoué au succès des vûes qu'il avait à remplir, il aima mieux s'exposer aux hasards des Elémens, qu'à ceux des Gouvernemens, & après avoir tout pesé avec le sang froid & l'égalité d'âme qui l'ont toujours caractérisé, il se résolut à partir, & à réussir ou à périr.

Nous ne le suivrons point dans cette navigation si dangereuse sous tous les aspects, au milieu des difficultés innombrables qu'il avait à vaincre. Le Journal de son voyage à Manille, & celui de son retour seront publiés. On y trouvera mille choses curieuses sur les usages, la force, la politique des Peuples peu connus avec lesquels il eut à traiter. On y verra que si son bâtiment & son équipage eussent été moins mauvais, il eût dès lors exécuté tous les projets qu'il avait formés, & qu'il avait été autorisé à suivre; on le verra plusieurs fois à un jet de pierre d'une Isle qu'il pouvait regarder comme le but de son voyage, sans moyen d'y aborder.

Forcé de revenir, il fit une relâche à Timor, & forma des liaisons d'amitié avec le Roi Indien & avec le Gouverneur Portugais de cette Isle, qui lui procurèrent quelques plants de Muscadiers, une assez grande quantité de noix muscades & de baies de gérofle mûres & dans l'état où on les seme, mais qui se trouvèrent trop vieilles pour germer. C'était du moins constater la possibilité d'en avoir de propres à être cultivées.

Rendu enfin à l'Isle de France, après avoir fait des observations utiles sur les moussons, il remit au Conseil Supérieur de cette Colonie, le 8 Juin 1755, les plants précieux qu'il avait apportés, & qui furent reconnus pour être des épiceries fines.

Ceux qu'il avait laissés l'année précédente à différens habitans, étaient morts; & plusieurs circonstances firent croire que leur mort n'avait pas été naturelle, mais l'effet de la mauvaise volonté d'un Directeur des jardins qui était arrivé à l'Isle de France, envoyé par le parti qui s'opposait à la recherche des épiceries.

L'évènement prouva que M. Poivre

avait bien fait de ne pas remettre à une autre fois ses recherches sur les Moluques. M. Bouvet n'était plus à l'Isle de France. Un nouveau Gouverneur l'avait remplacé. Il n'avait aucune instruction favorable à M. Poivre, ni de la part des Protecteurs de celui-ci, qui le croyaient noyé & ne pensaient plus à son expédition, ni de la part de leurs adversaires, qui n'y pensaient que pour la traverser.

Ce Gouverneur, quoique bien intentionné, ne put donc, & voulut encore moins, prendre sur lui de donner aucuns moyens pour retourner à une entreprise dont avec un vaisseau passable le succès n'était plus douteux.

Dans de telles circonstances, M. Poivre crut devoir se borner à remettre à la Compagnie la cargaison qu'il avait rapportée, & qui fut vendue sur le champ avec profit, & sollicita son retour en France. Il l'obtint sur un bâtiment qui devait hiverner à Madagascar. Le Journal de son séjour dans cette Isle offre des détails intéressans sur les mœurs de ses habitans, les ports, les rivières, les sites du pays, son Histoire Naturelle, ses productions, & les ressources qu'il peut fournir à nos Colonies des Isles de France & de Bourbon.

Jamais M. Poivre n'a perdu une occasion de recueillir & de rapporter des connaissances utiles à sa Patrie. Dans le Coromandel, il avait suivi avec le plus grand détail les procédés employés par les Indiens pour la peinture des belles toiles, connues sous le nom de Perses ou de Chittes, & il avait étudié la composition des teintures. En Chine, il s'était instruit à fond sur les matériaux & la fabrique des porcelaines, & sur la manière de préparer ce que nous appelons les soies de Nankin; il en a fait des essais très-heureux depuis son retour. Mais il serait impossible d'exposer ici toutes les observations de cet homme respectable. Il était si modeste, que les personnes même qui ont vécu avec lui dans la plus intime société, ne recueillaient que par lambeaux quelques-unes de ses connaissances, & le récit d'une partie de ses travaux.

Nous avons vu qu'il avait porté dans toutes ses missions un désintéressement qui serait très-rare en Europe, & qui l'est bien plus en Asie.

Il en était revenu avec une grande réputation & une fortune médiocre. M. BERTIN, alors Contrôleur-Général, auquel nous devons le commencement de la liberté du commerce des grains en France, une excellente Loi pour limiter les priviléges exclusifs, l'établissement des Sociétés d'Agriculture, celui des Ecoles Vétérinaires, beaucoup de recherches précieuses sur la Chine, & qui connaissait & savait apprécier les services de M. Poivre, engagea le Roi à lui donner une gratification de *vingt mille francs*, qu'il n'avait pas demandée.

Satisfait de cette récompense modérée, M. Poivre s'était établi près de Lyon dans une campagne agréable. Il s'y livrait à

son

son amour pour les Lettres, & il y cultivait les plantes les plus curieuses des quatre parties du Monde.

L'Académie des Sciences avait depuis long-temps rendu justice à son mérite, en le nommant à la place de Correspondant, la seule que ses voyages lui permissent de remplir. Elle lui avait donné cette marque d'estime le 4 Septemb. 1754; & le savant *Jussieu* regardait ses lettres comme une des richesses de l'Académie.

Désiré & reçu depuis son retour à celle de Lyon, il y lut deux Mémoires intitulés : *Observations sur les Mœurs & les Arts des Peuples de l'Afrique & de l'Asie*. L'Académie exigea que ces Mémoires fussent imprimés. Le Gouvernement approuva cette résolution, puis en suspendit l'effet.

Quelques exemplaires cependant s'étaient répandus, & les Libraires Etrangers, qui les contrefirent sur le champ, y ajoutèrent, à l'insçu de l'Auteur, le titre

C

de *Voyages d'un Philosophe.* M. Poivre était trop Philosophe pour en prendre le nom à la tête de ses écrits ; mais le titre imaginé par les Libraires, confirmé par le Public, & multiplié par plusieurs éditions, a prévalu sur celui qu'il avait donné à son Ouvrage. Cet Ouvrage intéressant, précis, nerveux, contient plus de choses que de mots ; on y voit par-tout en traits de lumière, comment dans l'Univers entier, la félicité, la population, la puissance des Etats sont en raison de l'agriculture & de la liberté, & à quel point la main du despotisme, celle de l'anarchie, & celle de la superstition, rendent inutiles la fécondité du sol le plus favorisé du Ciel.

Les écrits de M. Poivre sont, comme ses actions, pleins de simplicité & de dignité, remarquables par une force qu'il n'a pas cru avoir, & à laquelle il n'a pas songé. Il ne connaissait ni l'enthousiasme, ni la verve. Sa sensibilité, toujours fondée en raison, était grave &

fans ardeur. Il ne blâmait pas les Ecrivains qui, s'abandonnant à leur fureur poëtique, se procurent, par intervalles, une composition brûlante, dont l'éclat rend plus remarquables les transitions embarrassées & les passages obscurs qui lui succèdent : *Fumum ex fulgore*. Il ne les imitait point. Il marchait ; mais sa taille était si élevée, que ses pas, faits sans aucune précipitation, avançaient plus dans le chemin de la vérité & de l'utilité publique, que les élans de ceux qu'on pourrait regarder comme ses concurrens, & qui ont acquis le plus de célébrité.

Se croyant quitte de ce qu'il pouvait faire pour le bonheur des autres hommes, il avait enfin songé au sien. Il était sur le point d'épouser une jeune femme bien née, pleine de vertus, de douceur & de graces, digne, à tous les égards, d'être la compagne d'un Philosophe sensible, lorsqu'il éprouva qu'en méritant du Public, on ne fait que contracter le dévoir & l'engagement d'en mériter encore davantage.

Sa réputation fit croire avec justice qu'il n'y avait que lui qui pût réparer aux Isles de France & de Bourbon, les fautes de toute espèce d'une administration qui, depuis qu'elle était sortie dans ces Isles des mains de M. de la Bourdonnais, avait été constamment malheureuse. Les invitations les plus pressantes de la part du Gouvernement, & les plus propres à redoubler la passion de bien faire dans un cœur qui n'avait jamais cessé d'en être animé, vinrent le chercher au milieu des préparatifs de son mariage. Il avait bien des raisons de se peu soucier de retourner faire des voyages de quatre mille lieues. Il jouissait du sort le plus fortuné que puisse désirer un Sage : dans un âge mûr & non affaibli, avec le juste espoir d'un ménage heureux, assuré d'une aisance bornée, qu'il trouvait suffisante, & honoré d'une flatteuse & universelle considération.

Il pouvait même craindre que les dangers de la mer, & ceux des places importantes, non moins redoutables, n'effrayassent sa jeune amie, & ne fissent manquer une alliance dont les faveurs & l'autorité des Rois n'auraient pu compenser le bonheur. Rassuré à cet égard par le courage & l'attachement qu'elle lui témoigna, il lui restait encore à regretter sa douce retraite, le repos, l'étude, tant de biens qui étaient infiniment chers à sa raison tranquille, mais qui le lui étaient moins cependant que le bien public. Il obéit aux ordres du Roi, & les justifia par les plus grands succès.

Il trouva les Isles de France & de Bourbon dans un anéantissement presque total; la culture, le commerce, les fortifications, tout avait été également négligé. Il parvint à tout rétablir.

Quelques-uns de ses discours au Conseil Supérieur, dont il était Président, ont été imprimés; ce sont des chef-d'œuvres de raison & d'éloquence; le plus noble langage du Magistrat, de l'Administrateur & du Citoyen.

Ses premiers soins se portèrent sur la culture des comestibles, si importante dans ces Isles qui doivent non seulement subsister par elles-mêmes, mais encore faire subsister les escadres du Roi pendant la guerre. Il mit la plus grande activité à y introduire de Madagascar, du Cap de Bonne-Espérance & de l'Inde, tous les animaux domestiques & toutes les productions propres à la consommation des habitans & aux besoins des Navigateurs.

Cette activité de M. Poivre à multiplier les subsistances, & à se procurer tous les moyens possibles d'en avoir du dehors, a été pour la Colonie & pour l'Etat d'une utilité inappréciable.

En 1770, sur une apparence de guerre, le Roi fit passer à l'Isle de France *dix mille hommes*, tant de terre que de mer. Les vaisseaux qui les amenaient se trouvèrent, en arrivant, dépourvus d'a-

Il sauve une armée & une flotte.

grès : ils n'apportaient ni vivres ni argent. *Je sais bien qu'on manquera de tout*, écrivit M. le Duc DE CHOISEUL à M. Poivre ; *mais vous êtes là, & nous comptons sur vous*. Il ne s'était pas trompé ; M. Poivre pourvut à tout : & malgré deux ouragans successifs qui ravagèrent l'Isle dans la même année, & qui firent échouer une grande partie des vaisseaux sur le rivage, la confiance qu'il s'était acquise dans l'Inde, & les ressources que sa prévoyance avait ménagées, sauvèrent les troupes & la flotte. Ce fut chez les Hollandais du Cap de Bonne-Espérance que M. Poivre trouva les plus grands secours. Il les dut à la réputation de son honnêteté. Il ne pouvait payer qu'en lettres de change les provisions qu'on lui fournissait. Il eut à vaincre le préjugé que les Hollandais avaient alors en faveur des Anglais, & leur défiance naturelle. Mais l'estime & l'amitié qu'il avait inspirées aux Chefs de l'Administration du Cap prévalurent. On délivra les provisions; on se contenta des lettres de change. Il est fâcheux d'ajouter que ce sont ces mêmes lettres de change qui ont éprouvé tant de difficultés pour être payées, & qui ne l'ont été que sous le règne de Louis XVI.

Un vaisseau marchand Danois, chargé de mâtures & d'agrès, mouilla dans le port de l'Isle de France. A force de caresses & de bons traitemens, M. Poivre détermina le Capitaine à lui céder à un prix très-modéré sa cargaison, dont on avait le besoin le plus urgent. Elle fut, de même que les provisions hollandaises, payée en lettres de change; & ces lettres n'ont été acquittées qu'au moment où M. Bertin a eu quelque temps par *interim* le porte-feuille des affaires étrangères.

M. Poivre savait combien la possibilité de ces sortes d'accidens devait rendre précaires les ressources du dehors. Il avait prodigieusement multiplié celles du dedans. Animée par ses exhortations, par ses soins, par tous les encouragemens qui avaient dépendu de lui depuis son arrivée dans la Colonie, la culture des Isles de France & de Bourbon avait produit des récoltes abondantes de froment, de riz, & d'autres grains.

On a vu des Administrateurs & des Politiques d'Europe, qui ont passé pour grands, ne s'occuper que de circulation & de gains mercantilles, n'envisager dans les Colonies que des moyens d'augmenter le numéraire & les occasions de voyages, croire utile que la subsistance des Colons leur arrivât uniquement par les Négocians de la Métropole.

M. Poivre pensait que les moyens de vivre ne sauraient être trop près des hommes qui doivent les consommer. Eclairé par les Législateurs de l'Asie & par sa propre raison, il croyait qu'on ne pouvait rien faire de plus agréable au Ciel & de plus utile au Monde que de planter un arbre & de labourer un champ : préceptes de Zoroastre, dont celui qui les suit, indique le fruit & la récompense.

Guidé par un sentiment d'humanité & par le bon sens qui voudrait qu'on ménageât les esclaves, quand on ne les considérerait que comme des instrumens de culture ; & *indigné*, comme il le dit dans le préambule d'une Ordonnance qu'il rendit à Bourbon, le 10 Avril 1771, des fardeaux excessifs que l'on faisait porter aux Nègres dans des chemins très-difficiles & presque impraticables, il défendit, par cette Ordonnance, de charger un Nègre mâle de plus de soixante livres pesant, & une Négresse de plus de cinquante. On leur mettait auparavant sur la tête ou sur les épaules jusqu'à cent vingt livres, & au delà, pour faire de longues routes dans des sentiers où l'on ne peut même se servir de bêtes de somme. Il est triste de penser qu'une Ordonnance si louable, & qui devait tant influer sur les succès de la culture par la conservation de ses agens, soit peut-être & trop vraisemblablement demeurée sans exécution. Mais quand elle ne serait plus qu'un avertissement & une instruction, sous cet aspect encore elle aurait son utilité. L'Administration qui instruit n'est pas moins respectable & moins salutaire que celle qui commande.

 Convaincu de cette vérité, & saisissant toutes les occasions d'éclairer sur leurs véritables intérêts les habitans des deux Colonies confiées à ses soins, M. Poivre s'était attaché par toutes sortes de services & de bons procédés M. *de Commerson* qui revenait de faire le tour du Monde avec M. *de Bougainville*. Il l'avait engagé à rester à l'Isle de France pour en faire l'Histoire naturelle, & apprendre aux Propriétaires à employer les richesses de leur territoire, & celles que des soins vigilans leur avaient procurées & leur apportaient chaque jour.

 M. de Commerson a toujours vécu à l'Isle de France chez M. Poivre; & il est mort dans cette même Isle, peu après le départ de son ami & son protecteur, dans les dégoûts & le chagrin de voir abandonner leurs anciens travaux, sur lesquels ils s'étaient si bien accordés, quoiqu'ils y portassent des principes différens.

M. de Commerson, Botaniste passionné, mettait le même intérêt à toute plante, pourvu qu'elle fût curieuse & nouvelle. M. Poivre, Administrateur & Philosophe, ne dédaignait pas la curiosité, mais fixait principalement ses regards sur l'utilité : c'était aux plantes utiles qu'il prodiguait ses soins.

Parmi celles qu'il a fait connaître à l'Isle de France, & qu'il y a cultivées lui-même, il faut d'abord nommer l'arbre à pain ou *Rima*, qui s'y est beaucoup multiplié, dont les Colons commencent à faire usage, qui sera bientôt un de leurs principaux alimens, & qui, transporté ensuite dans les Antilles, y assurera un jour à peu de frais la subsistance des Blancs & des Noirs.

Il faut encore faire mention de l'ampalis ou mûrier à gros fruit vert de Madagascar, de l'arbre à huile essentielle de rose, de l'arbre à suif, & du thé de la Chine, du bois de campêche, du bois immortel ou nouroucouyé, du cannellier de Ceylan & de la Cochinchine, de toutes les variétés du cocotier, du dattier & du manguier, de l'arbre des quatre épices, du chêne, du sapin, de la vigne, du pommier & du pêcher de l'Europe, de l'avocat des Antilles, du mabolo des Philippines, du sagoutier des Moluques, du savonnier de Chine, du maran d'Yolo, du mahé ou arbre de mâture, & du mangoustan, fruit réputé le meilleur de l'Asie & du Monde.

Mais il devint plus célèbre par le succès qu'eurent enfin ses soins & l'intelligence qu'il déployait depuis vingt-cinq ans pour parvenir à faire apporter des Moluques à l'Isle de France des plants de muscadiers & de gérofliers, en quantité assez considérable pour en assurer la naturalisation.

Il s'était occupé, depuis qu'il était chargé de l'administration de la Colonie, à reprendre à cet égard la suite de ses anciens travaux. Il avait instruit de tous leurs détails M. *Provost*, ancien Ecrivain des vaisseaux de la Compagnie des Indes, qui parlait la Langue Malaise; & l'ayant chargé de lettres pour différens Princes Indiens, il le fit partir au mois de Mai 1769 sur la corvette *le Vigilant*, commandée par M. de *Tremigon*, Officier de la Marine Royale, & Lieutenant de vaisseau, accompagné du bateau *l'Etoile du matin*, commandé par M. *d'Etcheveri*, Lieutenant de frégate.

Les deux bâtimens firent ensemble le voyage de Manille, passèrent à Mindanao, touchèrent à l'Isle d'Yolo, dont le Roi, devenu libre, regardait M. Poivre comme un père. Ce Prince remit à M. de Tremigon une lettre pour le Roi de France, qu'il appelait son puissant Protecteur. Il donna plusieurs renseignemens utiles, & assura nos Navigateurs que s'ils ne réussissaient pas cette année dans leur expédition, il leur procurerait, pour l'année suivante, tous les plants qu'ils pourraient désirer.

MM. de Tremigon, d'Etcheveri & Provost passèrent ensuite à l'Isle de Miao, où ils firent des recherches infructueuses: les Hollandais y avaient récemment détruit les plants d'épiceries.

Entre cette Isle & celle de Taffouri, le défaut de vivres détermina les deux Commandans à ménager le temps en faisant chacun de leur côté une partie de la carrière qu'ils étaient chargés de parcourir. Ils convinrent d'un rendez-vous. M. de Tremigon se rendit à Timor, où il pouvait se procurer les vivres nécessaires, & faire aussi des recherches. M. d'Etcheveri reçut à son bord M. Provost, & l'ordre de faire tout ce que celui-ci jugerait convenable pour le succès de l'expédition & le service du Roi.

Tel fut le résultat d'un Conseil, tenu sur *le Vigilant*, le 10 Mars 1770, veille de la séparation des deux vaisseaux.

M. Provost & d'Etcheveri, parfaitement d'intelligence, parcoururent dans leur petit bâtiment tout l'est des Moluques, abordèrent plusieurs fois à l'Isle de Ceram, & enfin, sans que la République de Hollande ni sa Compagnie des Indes pussent avoir aucun sujet légitime, ni même aucun prétexte de plainte, ils obtinrent des Rois de Gebi & de Patani, Souverains indépendans des Hollandais, un grand nombre de plants des deux arbres précieux, & un bien plus grand nombre de baies & de noix fécondes.

Le retour présenta quelques dangers de la part d'une escadre Hollandaise, à laquelle M. d'Etcheveri échappa par son sang froid, par sa prudence, & par la petitesse même de son bâtiment qui déroutait les soupçons. Il rejoignit M. de Tremigon au point convenu. On partagea

On rapporte des plants d'Épiceries. 49

tagea entre les deux vaisseaux les jeunes plants, les noix muscades, les baies de gérofle ; & ils arrivèrent à l'Isle de France, le 24 Juin 1770.

Le Conseil Supérieur de l'Isle de France consacra dans ses regiſtres ce succès si long-temps désiré ; & par un arrêté, pris après que M. Poivre se fut retiré, il réclama les bontés du Roi pour l'Administrateur qui avait rendu un si grand service à la Colonie, & pour ceux qui avaient concouru à l'exécution de ses vûes. Le Conseil pria M. *le Chevalier des Roches*, Commandant général, de se charger de faire parvenir au Ministre le vœu de la Compagnie, de peur que la modestie de M. Poivre ne l'engageât à supprimer les éloges qui lui étaient dus.

En effet, ce n'avait pas été une petite entreprise ; & ce n'était pas un événement médiocrement heureux, pour la France qui participe à une nouvelle source de richesses, pour l'Europe qui se trouvera pourvue à meilleur marché d'un ob-

D

jet de jouissance, & sur-tout pour les habitans des Moluques qu'on n'opprimera plus, afin de s'emparer de leurs productions & d'en conserver le privilége exclusif, lorsque cette cruauté sera devenue inutile.

Nous avons indiqué par quels travaux de tout genre M. Poivre avait préparé ce service distingué qu'il a rendu à sa Patrie & au genre humain. L'habileté & les lumières qu'il devait à ses différens voyages, & sur-tout la réputation qu'il s'était faite auprès des Princes du pays, pouvaient seules vaincre les obstacles que la Compagnie Hollandaise oppose aux Navigateurs qui cherchent à pénétrer dans les Moluques. Presque tous ceux qui l'avaient tenté y avaient péri, victimes des rigueurs & de la vigilance des Hollandais.

Mais M. Poivre, qui avait passé sa vie à semer par-tout des bienfaits, était sûr de trouver par-tout des amis & de la reconnaissance. Les Souverains de ces

Chagrin dont il fut mêlé.

contrées favaient, les uns par expérience, & les autres pour l'avoir appris de leurs Alliés, qu'au milieu de ces Français qui ne s'étaient montrés à eux que comme des Guerriers redoutables, il exiftait cependant un homme fage & pacifique, qui n'avait jamais confeillé que les bons offices & la douceur. M. Poivre eut certainement de grandes jouiffances : fes fuccès durent être d'autant plus précieux à fon cœur, qu'ils étaient le prix de fes vertus encore plus que l'ouvrage de fon génie.

La fatisfaction qu'il éprouva en voyant enfin terminer une entreprife qui lui coutait la moitié de fa vie, fut néanmoins accompagnée d'une circonftance fâcheufe. Telle paraît être la loi qui gouverne ce monde, qu'il n'y a prefque aucun événement heureux qui ne foit mêlé de quelque chagrin, comme il n'y a prefque point de malheur qui n'amène avec lui quelque compenfation :

» Le Ciel fur nous, de deux vafes égaux,
» Verfe à la fois & les biens & les maux «. *Volt.*

52 *Erreur de la Colonie : elle est réparée.*

A peine les épiceries fines étaient-elles arrivées à l'Isle de France, que le zèle du Commandant, & l'avis unanime du Conseil Supérieur, M. Poivre seul excepté, firent rendre une Ordonnance qui déclarait coupable de trahison quiconque emporterait, dans une autre Colonie, quelques-uns des plants enracinés des deux arbres nouveaux, ou quelques noix muscades ou baies de gérofle propres à la germination. M. Poivre, affligé, ne trouvant personne qui partageât son opinion, ne put se dispenser de signer. Mais il écrivit au Ministre pour faire sentir les dangereuses conséquences d'un tel privilége exclusif, & chargea un de ses amis, celui qui tient ici la plume, de contribuer à les développer ; ce qui fut fait tant par des Mémoires particuliers, que par un écrit alors imprimé. M. le Duc DE PRASLIN, qui était plein de sens & d'équité, jugea, comme M. Poivre, qu'il serait injuste & absurde d'interdire à quelques Provinces de l'État une culture utile qu'on encouragerait dans d'autres, & que si les épiceries fines étaient concentrées à l'Isle de France, elles pourraient y être détruites par un ouragan, ou par les suites d'une guerre malheureuse. Il se hâta de prendre les ordres du Roi, & de faire passer des Muscadiers & des Gérofliers tant à l'Isle de Bourbon qu'à la Guyane Française. Ils ont très-bien réussi dans l'une & dans l'autre Colonie. Ils commencent à pouvoir y devenir un objet de commerce ; & leurs fruits aclimatés y sont aussi beaux & aussi parfumés aujourd'hui que dans les Moluques même.

M. Poivre ne se borna pas à cette expédition, quoiqu'elle eût rapporté *quatre cents* plants de Muscadiers, *dix mille* noix muscades toutes germées ou propres à germer, *soixante & dix* plants de Gérofliers, & une caisse de baies de gérofle, dont quelques-unes germées & hors de terre. Sa prudence craignit les accidens physiques, & même les accidens moraux, dont il avait fait plus d'une fois l'expérience qu'il était encore destiné à recommencer. Il renvoya au mois de Juin 1771, dans les Moluques, M. Provoſt, ſur la flûte l'*Iſle de France*, aux ordres de M. *de Coëtivi*, Enſeigne des vaiſſeaux du Roi, accompagnée de la corvette le *Néceſſaire*, commandée par M. *Cordé*, ancien Officier de la Compagnie des Indes. Ils firent un nouveau voyage à Gebi, & en rapportèrent une quantité bien plus conſidérable de plants & de graines de Gérofliers & de Muſcadiers. La flûte fut de retour le 4 Juin 1772, & la corvette le 6. Cette expédition, plus heureuſe encore que la première, a pour jamais aſſuré aux Colonies Françaiſes la poſſeſſion des épiceries fines.

La première cependant eût pu ſuffire. Tandis que MM. Provoſt & d'Etcheveri voguaient ſur le bateau *l'Etoile du matin*, à une conquête que la prudence la plus profonde avait aſſurée, toutes les meſures avaient été priſes à l'Iſle de France pour que les jeunes plantes trouvaſſent en arrivant le ſol & la culture qui leur conviennent.

Jardin de Montplaisir.

M. Poivre avait acheté de la Compagnie des Indes, dans un lieu nommé *Montplaisir*, un enclos peu distant du port de l'isle de France. Il en avait fait à ses frais un magnifique jardin, qui le dispute à ceux que la Compagnie Hollandaise des Indes fait cultiver au Cap de Bonne-Espérance, & qui, plus riche qu'eux encore, renferme presque toutes les plantes utiles des deux hémisphères. Il y passait tout le temps que les devoirs de l'Administration pouvaient lui laisser libre ; car propre, comme Caton, à influer sur les mœurs & sur les affaires publiques, M. Poivre avait encore avec ce grand Homme le rapport d'aimer à diriger tous les détails des travaux champêtres, & il y était d'une grande habileté.

Il a depuis cédé au Roi, pour le même prix qu'il l'avait acheté de la Compagnie, cette habitation si intéressante aux yeux des Savans & des Citoyens, qui sentent qu'il peut être plus important d'acquérir une plante utile qu'une Province. Il a fait hommage à la Patrie des dépenses, des améliorations, des travaux considérables qu'il avait consacrés à en enrichir le jardin, & qui l'ont rendu un des plus précieux du globe entier. Il avait instruit dans tous les détails de la culture Asiatique M. *de Ceré*, auquel il avait destiné la direction du jardin de Montplaisir, dont il ne put le mettre en possession, mais qui depuis en a été chargé, conformément à ses vûes ; & M. de Ceré a justifié ce choix par ses soins, ses lumières & son courage. On aura peine à croire que cette dernière qualité ait été bien nécessaire à M. de Ceré pour la conservation & l'entretien d'un jardin appartenant à Sa Majesté. On aura encore plus de peine à croire que même après le succès, & depuis le départ de M. Poivre, il se soit trouvé des gens qui, sans autre motif que la jalousie, ayent mis à tâcher de détruire les plantes précieuses qu'il avait introduites à l'Isle de France, presque autant d'activité qu'il en avait déployé pour les y apporter.

Ces faits, trop vrais, viennent encore de nous être attestés par un Ministre du Roi, sous les yeux duquel ils se sont passés, & qui a eu besoin de tout son crédit pour empêcher le jardin & les plantes qu'il renferme d'être anéantis, & pour protéger M. de Ceré contre les ennemis que son zèle patriotique à conserver le fruit des travaux de M. Poivre lui avait attirés.

Si les épiceries fines sont un jour une richesse pour la France, le nom de M. de Ceré ne doit pas être plus oublié que celui de son illustre ami, auquel la reconnaissance des cultivateurs a élevé à Cayenne un monument noble & simple dans le jardin de M. *de Gers*, au centre de quatre belles allées de gérofliers; & pour qui l'Histoire en élevera certainement un plus durable dans le souvenir de la postérité délivrée d'un monopole onéreux, & enrichie d'un grand nombre de cultures précieuses.

Voici ce qu'écrit sur le jardin de Montplaisir un homme de bien, un homme d'esprit, un homme éclairé qui a voyagé utilement dans toute l'Europe, en Grèce, en Asie, en Egypte, M. *Melon*, qui arrive actuellement des Colonies administrées par M. Poivre.

„ Le jardin du Roi à l'Isle de France, „ dit-il, „ me paraît une des merveilles du „ Monde. Le climat de cette Isle lui per- „ met de multiplier en pleine terre les „ productions de toutes les parties de l'U- „ nivers. Le Voyageur trouve rassemblés „ dans ce jardin plus de six cents espèces „ d'arbres ou d'arbustes précieux, trans- „ portés des divers continens. Tous n'ont „ pas atteint encore leur point de perfec- „ tion. Il faut du temps & des soins pour „ aclimater & naturaliser les arbres. Cette „ partie de la culture, qui demande beau- „ coup d'observations, de sagacité & de „ philosophie, était une des choses dans „ lesquelles M. Poivre excellait. M. de „ Ceré, son élève, y est devenu très-ha- „ bile. Le Manguier a été vingt ans dans „ les Isles de France & de Bourbon sans „ donner de bons fruits. Les deux Isles

» font actuellement couvertes de ces
» arbres, qui produisent en grande abon-
» dance des fruits délicieux. On peut dire
» la même chose de plusieurs autres,
» qui par degrés y ont réussi.

» Les cloux de gérofle, sortis du jar-
» din du Roi de l'Isle de France, que
» M. l'Abbé Raynal a vus, & qu'il dit
» être *petits*, *secs* & *maigres*, avaient
» ces qualités parce qu'ils étaient les
» fruits du premier rapport d'arbres fai-
» bles & encore languissans, nouvelle-
» ment transplantés loin de leur terre
» natale. Aujourd'hui il n'en dirait pas
» autant du fruit des mêmes arbres, ni
» de ceux du jardin de M. *Hubert*, qui
» cultive à Bourbon avec le plus grand
» succès huit mille Gérofliers «.

Nous ajouterons que l'Académie des Sciences a présentement sous les yeux une quantité considérable de gérofle de Cayenne de la plus grande beauté, & d'une qualité excellente.

Croirait-on cependant que la jalousie,

la bassesse, l'indifférence pour le bien de la Patrie & de l'humanité, masqués sous le voile d'une vile & mesquine économie, ont proposé plusieurs fois au Gouvernement d'abandonner ou de détruire le jardin de Montplaisir, qui a déjà été, & peut encore être si utile ? & si le Ministère eût été moins noble, moins bienfaisant, moins instruit, & si le Héros de l'Inde, M. *de Suffren*, n'avait pas rendu justice à M. Poivre, à l'importance de ses vûes, & à l'utilité de ses travaux, on ne sait ce qui en serait arrivé.

M. Poivre avait le plus grand désir de rejoindre une seconde fois le *riz sec* aux plantes précieuses qui enrichissent ce jardin. Il faisait encore plus de cas de cette plante alimentaire, que des plus riches épiceries. Il a souvent proposé d'aller la rechercher à la Cochinchine ; mais jusqu'à présent une sorte de fatalité a fixé l'attention des Nations & des Gouvernemens sur les entreprises, presque en raison inverse de leur utilité, ou à peu

Tentative pour former du riz sec.

près uniquement en raison de leur éclat. Il ne faut pas s'en prendre aux Administrateurs ; ce malheur ne tient qu'à l'éducation qu'ils ont reçue, dans laquelle on leur a parlé de *la gloire*, jamais des moyens de multiplier les subsistances, & d'enrichir les Nations. M. Poivre avait donc été autorisé à tout faire pour les épiceries ; & l'on n'avait pas cru que la Cochinchine, qui ne paraissait présenter, pour le moment, aucun objet important de commerce, méritât qu'on y fît une expédition pour avoir du riz.

La marine très-faible de la Colonie ne pouvait se prêter que difficilement à deux entreprises différentes. Les moyens que M. Poivre avait imaginés pour rendre ces deux entreprises possibles, trouvèrent dans la division de l'autorité civile & de l'autorité militaire, & dans la diversité de vûes qui en était la suite, un obstacle insurmontable.

Obligé donc de renoncer, pendant

On fabrique un riz mitoyen.

son administration, à se procurer de nouveau riz sec, il tenta de changer la culture du riz humide, & de l'accoutumer par degrés à croître sans avoir le pied dans l'eau. Il en fit semer en différens cantons au commencement de la saison des pluies. Quelques parties périrent. Cet arrosement naturel se trouva suffire à quelques autres, dont le grain devint propre à germer, croître & fructifier avec un moindre arrosement. Il y a donc actuellement à l'Isle de France un riz qui tient le milieu entre le riz humide, généralement connu, & le riz sec de la Cochinchine. C'est un riz dont l'humidité d'une saison pluvieuse favorise suffisamment la production. Il n'est pas encore en état d'être transporté utilement en Europe. Il souffre même beaucoup à l'Isle de France, quand les pluies ne sont pas abondantes ; & l'on se plaint qu'elles deviennent plus faibles, à mesure que les défrichemens se multiplient. Mais on peut espérer qu'en prenant toujours pour femence le grain récolté dans les cantons qui auront été le moins arrofés & le plus élevés, on arrivera au point d'avoir un riz qui pourra, dans des climats tempérés, fe paffer prefque entièrement de pluie, un véritable riz fec; & ce fera pour l'Europe un des plus précieux tréfors. Il ferait fans doute bien plus court d'envoyer exprès à la Cochinchine : on jouirait peut-être vingt ans plus tôt de ce moyen de doubler les fubfiftances & la population ; mais on doit favoir beaucoup de gré à M. Poivre, qui s'eft vu privé de la faculté d'obtenir du pays, où il eft indigène, ce grain fi important, d'avoir tenté d'en fabriquer, en y appliquant la favante théorie qu'il avait fur la culture & fur la dégénération des plantes. On doit fe féliciter de ce qu'il a, en partie, réuffi. Il faut remercier le Ciel lorfqu'il fait préfent à la terre d'un homme de génie, & plus encore, quand il donne à cet homme de génie la paffion d'employer ſes talens, ſon travail, ſon eſ-prit, & ſes forces entières au bien public.

L'Agriculture, ſans doute, doit être en tout pays le premier objet des ſoins d'un Adminiſtrateur ; & c'eſt principalement par le reſpect ſecourable qu'ils ont témoigné pour l'Agriculture, par les encouragemens, les inſtructions & les faveurs qu'ils ont répandus ſur elle, qu'on doit marquer les rangs entre les Rois & les Miniſtres que leur zèle ou leurs talens ont rendus dignes de l'eſtime, de la reconnaiſſance & de l'amour des Nations : Triptolème avant Théſée. Mais, après l'Agriculture, & pour ſon propre intérêt, qui ſera toujours l'intérêt fondamental de la Société, il eſt d'autres travaux, dont l'homme d'Etat s'occupe avec une égale ardeur, & qui contribuent à lui mériter les hommages de l'humanité & de la Patrie. M. Poivre n'a négligé aucun de ceux pour leſquels les circonſtances ont réclamé ſa vigilante attention. Il

Il avait trouvé le Port Louis de l'Isle de France à peu près comblé. L'inexpérience, qui avait présidé aux premières concessions de la Colonie, avait livré au fer & au feu des Défricheurs les bois des montagnes, dont ce port est entouré, & les ravins causés par la saison des pluies, en avaient ensuite entraîné les terres nues dans le bassin. Les abords des magasins étaient devenus impraticables; les vaisseaux de guerre étaient obligés de mouiller à demi-lieue, exposés à la fureur des ouragans & des vents du large. L'escadre de M. *d'Aché* y avait été presque entièrement détruite dans l'hivernage de 1761. La Colonie était ainsi privée d'un port de sûreté, d'autant plus à l'abri des insultes de l'ennemi, que les vents généraux ne permettent presque jamais d'y aborder qu'à la remorque, & en favorisent la sortie dans tous les temps: d'un port d'autant plus important, qu'il présente à mille lieues du Continent l'avantage de ne pouvoir jamais être espionné. E

M. Poivre entreprit de rendre ce port, ou un équivalent à l'Isle de France & à l'Etat ; mais, en homme modeste qui ne se fie pas à ses seules lumières, & en Administrateur qui sait faire usage de celles d'autrui, il consulta les gens les plus éclairés, & entre autres, M. *de Tromelin*, habile Capitaine des vaisseaux du Roi, & M. *de Cossigny*, Correspondant de l'Académie des Sciences, Ingénieur de la Colonie. M. de Tromelin conçut le projet d'un nouveau port, entièrement à l'abri des ouragans, & combina avec M. Poivre les moyens de préserver ce nouveau port des atterrissemens, & d'en arrêter les progrès dans l'ancien, par des canaux, des digues & des jetées qui conduiraient sur une plage inutile les torrens annuels que ramène la saison des pluies.

La difficulté de faire reprendre des bois sur des côteaux lavés, dégradés, brûlés d'un soleil à pic, était excessive. M. Poivre & M. de Cossigny, après avoir essayé tous les arbres & les arbustes, dont le jardin de Montplaisir présentait une si belle collection, jugèrent qu'il n'y avait qu'un arbre, connu sous le nom de *bois noir*, qui pût donner quelque espérance. M. de Cossigny se chargea d'en faire exécuter avec tous les soins qu'on pût imaginer, une immense plantation. Elle a réussi, elle a diminué l'éboulement des terres, & a fortement contribué aux succès des autres travaux.

Une roche, qui se trouvait à l'entrée du nouveau port, & qu'on avait toujours cru ne pouvoir extirper sous l'eau, l'a été par la suite du courage avec lequel M. de Tromelin & M. Poivre en ont soutenu la possibilité & fait décider le travail. Les mesures paraissaient assurées pour que la grande entreprise du nouveau port fût exécutée en quatre ans; & l'on a lieu de croire que si M. Poivre fût resté Administrateur de la Colonie, l'ouvrage n'aurait pas exigé plus de temps.

Différentes circonstances l'ont retardé. Cependant un procès-verbal, rédigé en 1781, constate que le nouveau port pouvait recevoir & contenir à cette époque, & à l'abri de tout danger, six vaisseaux de guerre & plusieurs frégates. La sagesse éclairée du Ministère actuel fait continuer les travaux, dont M. le Duc de Praslin, M. Poivre, M. de Tromelin & M. de Coffigny doivent partager la gloire; &, lorsqu'ils seront achevés, le nouveau port pourra donner le plus sûr des asiles à douze vaisseaux de guerre & à un grand nombre de frégates ou de gros bâtimens de commerce. La Colonie a formé le projet d'élever à l'entrée de ce port un monument, dans les inscriptions duquel les services de M. Poivre ne seront pas oubliés.

La sollicitude de cet homme également actif & bienfaisant ne se bornait pas aux objets soumis à son administration. Il mettait avec raison la plus grande importance à faire déterminer, par de bonnes observations astronomiques, la position de la multitude d'Isles & d'écueils qui séparent l'Inde de l'Isle de France. Il avait engagé M. l'Abbé *Rochon*, son ami, qui était déjà de l'Académie de Marine, & qui est aujourd'hui de celle des Sciences, à se charger de cet intéressant travail. Il avait fait toutes sortes de préparatifs pour lui rendre le voyage plus commode & moins pénible. Au moment de l'embarquement, un conflict d'autorité empêcha le départ de M. l'Abbé Rochon : M. Poivre en eut beaucoup de chagrin. Il voyait échapper une occasion qui semblait favorable de faire des recherches bien utiles. Il éprouva encore qu'il faut toujours suspendre son opinion sur les évènemens. C'était dans le vaisseau de l'estimable & malheureux Capitaine *Marion*, que M. l'Abbé Rochon avait dû s'embarquer. On sut peu après, que cet homme habile & vertueux avait été assassiné & dévoré par les Antropophages de la Nouvelle-Zélande ; & M.

Il revient de l'Isle de France.

Poivre eut à remercier le Ciel des contradictions qui, en retenant M. l'Abbé Rochon, l'avaient souftrait à un danger affreux. Ils pleurèrent ensemble le Capitaine Marion, qu'ils aimaient tous deux, & s'en devinrent plus chers l'un à l'autre.

M. Poivre a quitté l'Isle de France en 1773. Comme il ne s'y était occupé que du bien public, il n'en a rapporté que la médiocre fortune que son économie, qui ne fut jamais parcimonieuse, a pu ajouter à ce qu'il possédait avant d'en être nommé Administrateur. Mais il a laissé sa mémoire en bénédiction dans les deux Colonies qui furent confiées à ses soins.

Il ne faut pas croire cependant que son administration ait été sans orages, & qu'il n'ait jamais rencontré d'ennemis. Nous avons déjà fait pressentir quelques-uns de ses chagrins.

Même avant son départ de France, il avait éprouvé les avant-coureurs des

Peines qu'il y avait essuyées. 71

peines qu'il devait avoir à dévorer, & tout autre que lui aurait été rebuté, dès les premiers pas. Mais sous sa gravité froide en apparence, il cachait un zèle actif & profond. Il portait dans les affaires un courage d'esprit au dessus de tous les évènemens, & personne n'en a eu un plus grand besoin.

Quand il ne s'agit que de négocier, l'homme de bien peut être ami de tout le monde; mais lorsque son devoir l'oblige de s'opposer à des prétentions injustes & de réprimer des usurpations, les adversaires lui naissent de toutes parts.

Quiconque a travaillé au bien public & a entrepris de réformer des abus, a éprouvé que ceux qui sont accoutumés à en retirer avantage, regardent & défendent ces abus comme un patrimoine. Et cette disposition fâcheuse a toujours été plus redoutable dans les Colonies, par la suite du principe que le Gouvernement avait autrefois adopté, & dont il est revenu trop tard, d'y tenir le pouvoir militaire & le pouvoir civil dans un état de brouillerie ouverte. On rappelait alors les Commandans & les Intendans lorsqu'ils se montraient d'accord. On les soutenait alternativement l'un contre l'autre, & on ne les rappelait que l'un après l'autre, quand la dissention était bien établie entre eux. Cet esprit, fondé sur la maxime dangereuse, *Divide ut imperes*, est trop au dessous des Rois & trop contraire au bien de leur service, pour avoir pû être durable ; il n'entrait même nullement dans les intentions de M. le Duc de Choiseul, ni de M. le Duc de Praslin, mais son influence existait encore autour d'eux. Elle avait frappé sur M. *de la Rivière* & sur M. le Marquis *de Fénélon* à la Martinique, & sur M. le Comte *d'Estaing* à S. Domingue, comme sur M. Poivre à l'Isle de France. Elle avait divisé toutes nos Colonies en deux partis. Il en résultait que celui des Administrateurs qui

Ligues produites par les abus. 73

le premier avait le bonheur de se rendre le plus cher aux honnêtes gens, rangeait tous les autres sous les drapeaux de son collègue : & ce n'est pas une République sans habileté ni sans puissance, que celle des gens qui ont contracté l'habitude, quelquefois autorisée par les mœurs, de vivre d'abus & de pillage. Très-divisés lorsqu'on les laisse en paix, ils deviennent unis comme des frères dès qu'on en attaque un seul. Ils savent parfaitement flatter toutes les nuances de l'amour-propre des Protecteurs qu'ils recherchent. Ils ne leur disent pas : *On veut detruire mon petit bénéfice* ; ils affectent au contraire le désintéressement. Mais ils disent : *On porte atteinte à votre autorite. Ne laissez point enraciner un esprit d'innovation qui aurait les plus grands inconvéniens.* Il est trop souvent arrivé que des hommes, même estimables, animés par ces discours, & par un sentiment qui semble, au premier coup-d'œil, n'être pas sans élévation, la jalousie du pouvoir, ont fait tout le contraire de ce qu'ils se proposaient, & sont devenus l'appui des plus vils des humains.

M. Poivre arrivant à Versailles, y trouva l'apparence d'une disgrace. Deux ans s'écoulèrent avant qu'on lui rendît la justice que méritait son administration. Mais sous le nouveau règne, M. TURGOT, l'ami & l'exemple de tous les gens de bien, M. TURGOT, si digne, par ses lumières, ses vertus & son courage, d'essuyer des persécutions du même genre, & qui en effet en a depuis été la victime, se montra le Protecteur éclairé de M. Poivre. Les témoignages les plus honorables de la satisfaction du Roi furent accordés à ses services, & douze mille francs de pension furent ajoutés au Cordon de S. Michel, qu'il avait déjà reçu.

Les bontés du Roi ne se bornèrent point à cette récompense. Il désira que M. Poivre fût Prévôt des Marchands de Lyon, & le fit encourager par M. Turgot & par M. Bertin à solliciter cette place. Mais la plaie qu'avaient faite au cœur de M. Poivre les chagrins dont il sortait à peine, saignait encore ; sa reconnaissance ne put surmonter son éloignement pour de nouvelles fonctions publiques. Il ne fit aucune des démarches nécessaires, & ne fut point élu.

Le revenu de la fortune personnelle de M. Poivre était inférieur à celle qu'il tenait des bienfaits du Roi. Mais sa sagesse, l'ordre qui régnait dans sa maison, & qu'y maintenaient les soins de son estimable compagne, leur permettait de tenir un état honorable, de donner à leurs aimables enfans une éducation distinguée, & de répandre une multitude de bienfaits sur les indigens qui se trouvaient à portée de leur délicieux jardin de *la Freta*, où ils passaient leurs jours sur les bords de la Saone, à deux lieues de Lyon, & où les Voyageurs éclairés ne manquaient pas d'aller se reposer l'âme & s'enrichir l'esprit.

M. Poivre parlait avec beaucoup de facilité & de grace, mais toujours avec simplicité. Ayant vu & bien vu une prodigieuse multitude de choses & d'hommes, avec des connaissances très-étendues & une mémoire admirable, il n'avait jamais le ton affirmatif. Il était indulgent par nature & par réflexion, & pour les travers autant que pour les faiblesses de l'humanité. Il aimait la société des gens d'esprit, & supportait celle des sots. *On trouve*, disait-il, *à s'instruire avec tout le monde.* Les méchans même affligeaient plus qu'ils ne courrouçaient son cœur. Jamais aucun emportement n'a souillé ni dérangé la tranquille & paisible dignité qui le caractérisait. Un heureux mélange de raison & de bonté lui avait donné un sang-froid inaltérable, & l'avait rendu supérieur aux passions. Très-peu d'hommes ont porté aussi loin que lui la Philosophie pratique.

Sa santé, affaiblie par ses longs travaux, s'était fort altérée dans les deux dernières années de sa vie. Mais, toujours également serein, sage & modéré, sa

Sa mort.

ſociété n'a jamais ceſſé d'être douce, & ſa converſation reſpectable & chère à ceux qui l'ont approché.

Les conſeils de M. *Raſt*, ſon Médecin & ſon ami, habile ſous le premier titre, digne du ſecond, l'avaient envoyé paſſer à Hières en Provence, l'hiver de 1784 à 1785. Ce voyage lui fut très-ſalutaire, mais ne put réparer les ravages que la goutte avait faits en s'emparant de l'intérieur. Il devint impoſſible de la rappeler aux extrémités. On vit M. Poivre s'affaiblir par degrés pendant tout l'été, & l'hydropiſie de poitrine miner lentement & à pas trop certains ce grand homme de bien.

Il a ſuccombé le 6 Janvier 1786, à l'inſtant du dégel, avec la même tranquillité qu'il avait gardée toute ſa vie, & comme un Philoſophe religieux qui, ayant toujours été bienfaiſant, ſe confie parfaitement à la bonté du Bienfaiteur univerſel.

Cette nouvelle, arrivée à Paris, a montré

combien M. Poivre était généralement révéré. La plus singulière émulation s'est déployée pour réclamer, en faveur de sa veuve & de ses enfans, les bienfaits du Roi. Une foule de bons Citoyens de tous les ordres & de tous les rangs, depuis le plus élevé jusqu'au plus ordinaire, se sont unis sans se concerter, &, mutuellement surpris de se rencontrer, ont concouru à solliciter M. *le Maréchal DE CASTRIES*. Rien ne pouvait être plus honorable à la mémoire de M. Poivre, & plus inutile. En apprenant sa mort, M. le Maréchal de Castries avait résolu de proposer au Roi de partager la moitié de sa pension entre Madame Poivre & ses trois filles : & le Roi, dont l'économie, toujours subordonnée à la justice, sait combien on gagne à récompenser jusque sur leurs enfans les services des hommes habiles & vertueux, n'a pas hésité un moment.

Fautes que l'on prie le Lecteur de corriger.

Page 15, ligne 13, 1751, mettez 1749.
Page 64, ligne 2, supprimez &, mettez à la place une virgule.

www.ingramcontent.com/pod-product-compliance
Lightning Source LLC
LaVergne TN
LVHW050617090426
835512LV00008B/1540